White Eagle • Worte des inneren Meisters

WHITE EAGLE

WORTE DES INNEREN MEISTERS

Aquamarin Verlag

Kontaktadressen:
Deutschland:
White Eagle Centre Deutschland e.V.
Annemarie Libera
Schraystr. 3 • D-82110 Germering
Tel.: 089/ 841 77 90 • Fax: 089/ 840 060 38
e-mail: white-eagle-muc@t-online.de
www.whiteeagle.de

Schweiz:
Stern-Zentrum der White Eagle Lodge
Carol Sommer
Dorfbergstr. 14 • CH-3550 Langnau
Tel. und Fax: (0041) (0)34/ 402 36 36
e-mail: whiteagle.schweiz@tiscali.ch

Titel der englischen Originalausgabe:
Treasures of the Master Within
© The White Eagle Publishing Trust
New Lands, Liss, Hampshire, England

Übersetzung: Karl Friedrich Hörner
1. Auflage 2004
© Aquamarin Verlag
Voglherd 1 • D-85567 Grafing
Druck: Ebner & Spiegel • Ulm

ISBN 3-89427-256-2

INHALT

Einführung
7

Kapitel Eins
Eine neue Welt wartet
13

Kapitel Zwei
Das Gute hervorbringen
21

Kapitel Drei
Woher Heilung kommt
32

Kapitel Vier
Aufbruch

44

Kapitel Fünf
Es liegt in eurer Macht zu lernen
56

Kapitel Sechs
Den Meister erkennen
67

Kapitel Sieben
Bruderschaft ist ein Werk des Lichts
77

EINFÜHRUNG

Dies ist ein Reiseführer. Er begleitet auf einer beson-
deren Reise – der fortschreitenden Entfaltung des
Geistes –, und er möchte Hoffnung, Ermutigung und
Weisheit für diesen Weg vermitteln. Leser von *In der
Stille liegt die Kraft,* einem früheren White-Eagle-
Buch, werden feststellen, dass dieser „Reiseführer"
eine Art Fortsetzung jener Schrift bildet. Doch *Worte
des inneren Meisters* ist ein eigenständiges Buch.

Die Worte dieser Sammlung sind (bis auf wenige
Ausnahmen) dem White-Eagle-Buch *Die Meister als
Boten des Lichtes* entnommen. Dieses Werk handelt
vornehmlich von dem Meister für die neue Zeit und
von der Gestalt, die er oder sie annehmen wird. *Die
Meister als Boten des Lichtes* ist ein mystisches Buch,
in dem die Gestalt des Johannes eine sehr große
Rolle spielt, auf dessen „Strahl" White Eagle nach
eigenen Angaben arbeitet. Über Johannes, der das
vorliegende Buch inspiriert hat, macht White Eagle
zum Beispiel folgende Aussage:

*Jesus kam, um die Menschen zu lehren, wie sie ihr
Leben innerhalb ihrer Gemeinschaften auf irdischer
Ebene leben sollten. Johannes aber begann, den
Menschen die Bedeutung dieser Lehre zu erklären.
Nur wenn Männer und Frauen lernen, ein Leben in*

gegenseitiger Liebe und Brüderlichkeit zu führen, wird es ihnen allmählich möglich sein, diese Seelenqualitäten, jene himmlischen Kräfte, von denen wir sprechen, zu entfalten, mit denen der Vater-Mutter-Gott sie ausgestattet hat.

Die Botschaften von *Worte des inneren Meisters* beziehen sich jedoch unmittelbar auf den Pfad, den das Individuum in seiner Vorbereitung auf die vor uns liegenden Offenbarungen der Schönheit beschreitet. Deshalb ist dies ein besonderes Buch, das man jederzeit bei sich tragen kann, gleichgültig ob der Pfad gerade süß und leicht oder bitter und schwierig ist.

Wie der Pfad sich erweisen mag, zeigen folgende Worte aus *Die Meister als Boten des Lichtes*:

Auf einer langen, langen Reise hat jede Seele gelernt, geübt und die Kraft gewonnen, um das Licht aus jedem der sieben heiligen Zentren ihres eigenen Körpers auszusenden und die sieben heiligen planetarischen Kräfte anzuziehen, die durch jedes Zeichen des Tierkreises wirken. Der vollkommene Mann, die vollkommene Frau erblickt nicht nur diesen strahlenden Stern bei seiner oder ihrer Einweihung, sondern erkennt, dass er oder sie in Wahrheit dieser Stern ist.

Worte des inneren Meisters erzählt die Geschichte einer Reise aus der Isolation des unerwachten Bewusstseins bis hin zu dem, was White Eagle als das *universelle* oder *Stern-Bewusstsein* bezeichnet. Obwohl der Stern, von dem White Eagle so häufig spricht, ein sechsstrahliger ist, besitzt er eine siebte Spitze in seinem Herzen, und so kehrt die Zahl Sieben als Symbol in diesem Buch immer wieder. Sie kann sich beispielsweise auf die großen Strahlen beziehen, von denen es sieben gibt. Noch wichtiger aber ist, dass der Aufbau des Buches eine lockere Gliederung in sieben „Zeiten" aufweist. Während die menschliche Lebenszeit landläufig als von der Geburt bis zum Tode reichend verstanden wird, erstreckt sie sich in diesem Falle jedoch von der Geburt bis zur Erleuchtung. Das erste Kapitel handelt darüber hinaus von der Geburt eines Neuen Zeitalters. Das zweite Kapitel handelt vom Leiden, das so häufig zum Auslöser für uns wird, um einen spirituellen Pfad zu beschreiten. Im dritten Kapitel geht es um Heilung, sowohl für den Einzelnen als auch für die Welt, durch die Entfaltung der Brüderlichkeit, welche von dem sechszackigen Stern symbolisiert wird. Im vierten Kapitel erleben wir den Pfad zur umfassenden Heilung, nicht nur für den Einzelnen, sondern für alle. Im fünften geht es um die Entwicklung der Seelengaben, besonders der Intuition. Im sechsten Kapitel wird uns ein Einblick vermittelt in das, was Selbstbeherrschung tatsächlich ist. Das letzte Kapitel handelt von Verwirklichung, jedoch im (buddhistischen) Bodhisattva-Sinne. Mit anderen Worten, es geht um eine Verwirklichung, die nicht vollständig sein kann, bevor nicht alle Schöpfung in das Licht aufgestiegen ist.

Es gibt eine weitere Siebenheit in diesem Buch, da die Kapitel mit den sieben Haupt-Chakras assoziiert werden. Die Chakras selbst werden am Anfang eines jeden Kapitels benannt. Obwohl der Inhalt jedes Kapitels nur lose mit dem betreffenden Chakra zu verknüpfen ist, wird die Lektüre der Texte das Verständnis der Rolle des Chakras in der menschlichen Entwicklung auf subtile Weise fördern. Weil White Eagle die Chakras in *Die Meister als Boten des Lichtes* spezifisch mit je einem planetarischen Strahl in Verbindung bringt, haben wir den jeweiligen Planeten auch hier in den Kapitelbeginn aufgenommen. Im Falle von Stirn- und Scheitel-Chakra haben wir Uranus und Neptun einzeln genannt, obwohl White Eagle die beiden Planeten den Kopf-Chakras allgemein zuordnet.

Das Stern-Symbol wird in diesem Buch hervorgehoben, auch in den folgenden Worten über die Chakras:

Der Angelpunkt aller Zentren in einer entwickelten Person ist das Herz, das der Sonne des Universums gleicht. Das Herz-Chakra atmet ein und aus. Es nimmt das Sonnenlicht auf. Wie die physische Sonne das Leben im Körper erhält, erhalten das geistige Licht und die Wärme hinter dieser Sonne das geistige Leben in jedem Einzelnen.

Stellt euch diese Farben als sehr klar, hell und rein vor. In ihrem Zentrum liegt ein weißer Stern, der die Verschmelzung aller Farben in einen weißen Strahl versinnbildlicht, der auf das große Licht hinweist.

Der Titel *Worte des inneren Meisters* erinnert uns an die Quelle jeder Wahrheit, die echt ist. Nicht White Eagle, der Autor, ist der Meister. Wer ist White Eagle dann? Er ist ein Lehrer der Weisheit, der durch das Medium Grace Cooke sprach. Wie wir gesehen haben, arbeitet er mit dem Strahl des Johannes, doch in der Lehre, die dieses Buch vermittelt, kann man nicht nur die Nähe zu christlichen Heiligen und Weisen spüren, sondern auch vertraute Gestalten aus anderen Traditionen: Buddha, Avalokiteshvara, der Bodhisattva, der für das Mitgefühl steht (in China: Kwan-Yin), Shiva, der große Zerstörer, oder Krishna. Die Auszüge und Zitate in dieser Sammlung vermitteln uns auch ein sehr starkes Empfinden der großen Mutter.

White Eagle erinnert uns zudem an den himmlischen Zyklus, der uns in das Wassermann-Zeitalter führt. Vor allem aber spricht er als Angehöriger der *Stern-Bruderschaft* in der Geistigen Welt jenseits des Schleiers. Sie ist mehr als nur eine Bruderschaft von Männern und Frauen; sie ist eine Bruderschaft, die hinter dem Leben steht und alles Leben repräsentiert – alle Stufen des Daseins, alle Formen und Manifestationen des Lebens.

In einzelnen Fällen wurden die Auszüge und Zitate behutsam angepasst, um in ihrem neuen Zusammenhang vollständig zu sein. Die Begriffe „Bruderschaft" und „Meister" umfassen hier beide Geschlechter; es gibt keine akzeptablen alternativen Bezeichnungen. White Eagle betrachtet Bruderschaft normalerweise als eine Qualität, die alles Leben umfasst, nicht nur das menschliche.

J.C.H.

KAPITEL EINS

*Inkarnation und das Neue Zeitalter
Muladhara- (Wurzel-) Chakra;
Mars und der Mond*

Eine neue Welt wartet

Die Unendlichkeit oder Ewigkeit vermögt ihr nicht zu begreifen, aber ihr könnt zuhören, wenn wir euch erklären, dass es tief in eurem Innern, auf den inneren Bewusstseinsebenen, Welten von unbeschreiblicher und unglaublicher Vollkommenheit gibt. Wenn ihr lernt, euch selbst, eure Emotionen, Ängste und Unruhe zu beherrschen – wenn ihr lernt, euch vorbereitend in das Heiligtum des Friedens zu begeben –, werdet ihr aus eigenem freien Willen und aus eigener Kraft in die Herrlichkeiten einer Welt vollendeter Farbe und Harmonie weiterschreiten, in eine Welt der Musik, eine Welt des Guten, eine Welt, in der sich ein jedes ungehindert an den ihm bestimmten Platz fügt.

Viele wunderbare Eigenschaften der menschlichen Natur werden in dieser neuen Zeit zutage treten. Die Lebensspanne der Menschen wird sich verlängern, da jeder in seiner Entwicklung göttliche Weisheit berühren wird.

Bleibt ruhig, einfach, bescheiden und verströmt aus dem Herzen nach Kräften echte Brüderlichkeit; so werdet ihr nicht zu einer Revolution, sondern zu einer ständig fortschreitenden Evolution beitragen.

Kontakt mit den Engeln

Die Menschen werden mit Engeln gehen und sprechen, doch nur ein Engel erkennt einen Engel und ein Gott einen Gott. Ehe die Menschen nicht die erforderlichen Eigenschaften in sich entwickelt haben, nehmen sie die Gegenwart von Engeln oder Göttern nicht wahr.

Übe dich, Schönheit in mannigfacher Gestalt zu erschauen. Erblicke die Schönheit im leuchtenden Antlitz des anderen, die Schönheit der Liebe in den Augen eines Kindes, die Schönheit der Liebe und das Licht in den Augen und Zügen eines sehr alten Menschen. Achte immer auf dieses Licht, auf diese Schönheit.

Wisse, dass die Welt nicht in ihrem derzeitigen Zustand des Chaos bleiben wird.

Wir meinen nicht ein von der Erde getrenntes Leben, wenn wir von einem wunderbaren, herrlichen und vollkommenen Leben, einem Leben des Glückes, der Harmonie und der Schönheit sprechen. Wir sprechen von einem Leben, das du in erster Linie in dir selbst verwirklichen kannst, und erst danach auf der äußeren Ebene. Der Himmel kann in der Tat auf Erden verwirklicht werden.

Man hat euch ein zweites Kommen des Christus, des Herrn dieses Erdenplaneten, angekündigt. Wann soll dies geschehen? Es gibt eine Fülle von Anzeichen, dass sich der Zeitpunkt nähert; dies zeigt sich besonders in der Seelenvorbereitung vieler, denen ihr begegnet. Der Impuls zur geistigen Suche liegt in euch. Der äußere und der innere Christus heben euch empor, damit ihr ihm auf jener höheren Bewusstseinsebene begegnet, wenn der Christus in all seiner Macht und Herrlichkeit erscheint.

Ihr seht der Wiederkunft des Christus entgegen, denn es heißt eindeutig, dass Christus wiederkommen wird. Doch wir haben bei vielen Gelegenheiten gesagt, dass diese Wiederkunft im Herzen jedes Mannes und jeder Frau geschehen wird. Es wird das Erwachen des Lichtes in ihnen sein.

<small>SUCHT NACH DEM GEHEIMEN SCHLÜSSEL</small>

Ein neuer Himmel und eine neue Erde. Der neue Himmel liegt in euch selbst. In eurer Seele ruht die Kraft, um zu diesen höheren Reichen des Lichtes und des Lebens emporzusteigen und ganz bewusst in die Herrlichkeit der himmlischen Welt einzutreten.

Überall werden Männer und Frauen, von denen man es am wenigsten erwartet, der Welt zeigen, dass sie Werkzeuge des Geistes sind. Sucht den geheimen Schlüssel, haltet nach dem Wasserträger Ausschau [dem Zeichen des Wassermanns], seht euch in eurem Alltag nach Personen um, die geistig lebendig sind.

Achtet auf die geistige Lebendigkeit in den Menschen auf der Erde, besonders bei den so genannten weltlichen Menschen. Oft sind gerade sie es, die Erfahrung und große Menschlichkeit besitzen. Sie kennen und verstehen die Versuchungen und die Schmerzen und Leiden des irdischen Daseins.

Die Menschheit macht Fortschritte: Sie schreitet nicht zurück, und alles, was ihre Geburt ins geistige Leben fördert, ist notwendig. Betrachte die Welt, wie sie ist, mit Toleranz, Liebe und Hoffnung.

Versucht, die Bruderschaft als eine Gemeinschaft von Seelen zu betrachten. Ihr werdet feststellen, dass sie alle Geschwister sind, ohne den Gedanken an geschlechtliche Unterschiede.

Alle können Meister ihres Lebens sein

Wir möchten, dass ihr erkennt, was für ein Kraft- und Lichtzentrum in euch habt. In euch liegt die Möglichkeit, geistig zu wachsen und zu reifen, bis auch ihr wie der Meister werdet.

Ein Weltlehrer ist jemand, durch den sich das Licht ungetrübt offenbart. Das *große Licht* kann durch jeden menschlichen Träger strahlen.

Die Meister rühmen sich nicht ihrer Eigenschaften oder stellen sich selbst zur Schau. *Suchet, so werdet ihr finden; klopfet an, so wird euch aufgetan werden.*

Ihr habt immer existiert, denn ihr seid ein Same des unendlichen, ewigen Geistes, und wenn ihr die das Leben beherrschenden Gesetze versteht – dass jede Handlung, jedes Wort und jeder Gedanke dem feineren Äther eingeprägt wird als ein Eindruck, der dort ewig bleibt –, dann werdet ihr begreifen, dass die Zukunft vorhergesagt werden kann.

Hoffnung

Es gibt Bereiche des Lebens, die ihr, gefangen in der Erdhaftigkeit, euch nicht einmal vorzustellen vermögt. Dies bedeutet aber nicht, dass ihr die Herrlichkeit des Himmels nicht wahrnehmen könnt, solange ihr euch in einem physischen Körper befindet.

Wir schenken euch Hoffnung. Ihr schreitet voran. Die Menschheit der Erde ist erwacht, und langsam, fast unmerklich, reagiert sie und erhebt sich, wie ein Kind, das sich im Mutterleib regt.

Das Großartige in diesem Neuen Zeitalter ist die Seite an Seite verlaufende Entwicklung der menschlichen und göttlichen Natur, des menschlichen und des göttlichen Wesens. In diesem Zeitalter, in das ihr nun eintretet, werden der materielle und der geistige Aspekt des Menschengeschlechts stark angeregt. Die Religion wird aus dem Herzen kommen, und jeder von euch wird lernen, seine eigenen *göttlichen* Eigenschaften und Kräfte zu entfalten.

CHANCE BEDEUTET AUCH VERANTWORTUNG

Der einzige wahre Weg ist der Weg des Geistes. Schiebt die geistigen Dinge nicht beiseite. Ihr könnt nicht ein Leben führen, das sich um persönliche Freude dreht, während ihr von Männern und Frauen umgeben seid, die leiden. Wie unbedeutend ihr euch auch fühlen mögt, ihr müsst dem innewohnenden Christus-Geist treu bleiben.

Euch und der ganzen Menschheit wird eine große Chance geboten. Ihr seid die Erbauer des Neuen Zeitalters. Es ist nicht gut für euch, selbstzufrieden dazusitzen. Denn sobald sich die Menschheit (oder die westliche Welt) selbstzufrieden niederlässt, wird sich an einer anderen Stelle in der Welt eine mächtige Kraft erheben, um diese Selbstzufriedenheit erneut herausfordern und der Menschheit den Anstoß zu geben, der großen Menschenfamilie wirklich zu dienen.

Hüllt euch nicht wie die Pharisäer in eure imposanten Gewänder, sondern seid erfüllt von Mitgefühl und Verständnis für die Menschheit und ihre Nöte.

KAPITEL ZWEI

Leiden und seine Heilung
Svadhisthana- (Kreuzbein-) Chakra; Saturn

DAS GUTE HERVORBRINGEN

Nichts im Leben ist vergeudet, keine einzige Erfahrung.

Handlungen, Worte und Gedanken sind wie Samen, die in die Erde gelegt werden und unweigerlich aufgehen. Aus ihnen erwächst nichts Geringeres als die Zukunft, welche die Seele erwartet. Dies ist die richtige Auslegung der Zukunft, denn das Leben wird von einem göttlichen Gesetz regiert, das besagt, dass die Seele das ernten wird, was sie gesät hat. Eure Zukunft liegt also in der Gegenwart begründet. So wie ihr heute denkt, sprecht und handelt, legt ihr die Saat für die Ernte von morgen.

Die Menschen werden nicht geboren, um zu leiden. Dies sagen wir ohne Vorbehalte. Jeder von uns wurde erschaffen, um Freude und Glück kennenzulernen. Es gibt nur einen Weg, um Freude und Glück zu erlangen, das ist der Weg geistiger Erkenntnis. Ein solches Glück währt ewig, es dauert nicht nur ein Leben lang.

Wir möchten ganz klar feststellen, dass ihr selbst den Kontrollschlüssel zu eurem Kraftwerk besitzt.

Nichts ist so wichtig wie Gott. Gott ist allmächtig, Gott ist allwissend (der weise Mutter-Aspekt) und Gott ist allgegenwärtig, immer gegenwärtig. Gott ist in allem, in jedem Geschöpf, in der gesamten Natur. Gott ist in der Luft, die ihr atmet. Gott ist in jeder Zelle eures Körpers. Gott ist euch näher als der Atem, näher als Hände und Füße, denn Gott und ihr seid eins – ihr wisst es nur noch nicht. Ihr habt die Fesseln eures irdischen Bewusstseins noch nicht gesprengt und erkannt, dass ihr selbst potenziell ein Gott seid.

Der Mutter-Aspekt Gottes ist dualer Natur, er zerstört und erschafft. Ehe das Wassermann-Zeitalter wirklich beginnen kann, muss das Alte niedergerissen werden. Diesen Abbruch beobachten wir überall; doch diejenigen, die bei diesem Prozess verletzt werden, bedürfen der Heilung. Sie müssen geheilt werden, um das neue, schöne Zeitalter des Geistes hervorzubringen.

Wenn etwas seinen Zweck erfüllt hat, muss es aufgelöst werden, es muss weichen, und darin liegt der Wert des destruktiven Elements im Leben. Wir möchten euch die richtige Einschätzung für den Wert der Zerstörung vermitteln – der Beseitigung von alten Methoden und alten Vorstellungen und der Vorbereitung auf das Gute, Wahre und Schöne. Dies meinen wir, wenn wir erklären, dass das Gleichgewicht aufrecht erhalten werden muss.

Liebe, nicht Angst

Alle eure Probleme und Schwierigkeiten, so schwer sie zuweilen auch zu tragen sein mögen, haben eine Bedeutung und werden ihren Wert erweisen; denn indem ihr sie mutig und im Vertrauen auf die Liebe und Weisheit eures Schöpfers bewältigt, nähert ihr euch jenem vollkommenen Zustand und der goldenen Gottesstadt.

Seid ohne Furcht. Übergebt euer Leben Gott. Ihr werdet mit Liebe und Licht erfüllt werden. Ihr werdet der Welt zum Frieden verhelfen und alle jene unterstützen, die sich in der Dunkelheit befinden, da sie voller Angst sind – selbst eure so genannten Feinde.

Das rechte Gleichgewicht finden

Warum gibt es solch furchtbares Leid? Weil die Menschheit aufgrund ihres eigenen Tuns seit vielen Jahrhunderten nach dem mütterlichen Prinzip hungert. Zuerst hat der Körper dominiert und dann der Verstand oder das Gehirn. Beide wirken dahin, das göttliche Mutterprinzip, das Weisheit und Liebe ist, einzusperren oder gar zu erschlagen.

Wenn der mütterliche Geist Hand in Hand mit dem wahren Vaterprinzip (dem höheren, göttlichen Verstand) arbeitet, werdet ihr zu geistiger Gesundheit, Harmonie und Glück zurückkehren. Der weibliche Aspekt, der göttliche Mutteraspekt, ist die Sanftheit, Liebe und Güte im Leben, ohne die der geistige Tod eintreten muss.

Im Augenblick ist es sehr wichtig für euch zu erkennen, dass ihr ein inneres, geistiges Leben und ein äußeres, weltliches Leben habt. Es ist wesentlich, dass ihr alle beginnt, euren geistigen Aspekt zu entwickeln. In eurem eigenen Sein ist reiner Geist.

Es sollte euch zur guten Gewohnheit werden, das Leben nicht zu verträumen, sondern euch stets des göttlichen Willens und der göttlichen Gegenwart in eurem Herzen bewusst zu sein.

Dies ist das Geheimnis: Zu leben, zu wissen und in dem Bewusstsein des unendlichen Lichts und der unendlichen Liebe zu sein; es gilt, für den Geist, und nicht für die Materie zu leben. Materie ist zweitrangig. Nichts bedeutet mehr als dieses geistige Leben in euch. Es ist der Schlüssel zum Himmel – zum Himmel auf Erden und zur himmlischen Welt nach dem Tod.

Es gibt Schönheit hinter dem Chaos und Glück jenseits des Schmerzes.

Großes Glück, höchstes Glück kann schmerzhaft sein. Freude und Schmerz sind nahe verwandt als zwei Aspekte derselben Sache, Licht und Schatten, die demselben Prinzip entspringen. Durch den Schmerz, den der Mensch durchleidet, gestaltet sich seine Seele, wird gestärkt und aufgebaut. Sobald ihr dies begriffen habt, werdet ihr vor keiner Erfahrung zurückschrecken.

Aus dem Chaos erschafft Gott Schönheit und Vollkommenheit. Ihr seid Werkzeuge Gottes, und ihr könnt und werdet zum Wohl aller Menschen eingesetzt werden.

Wir, die wir ein wenig tiefer blicken, erkennen eine seltsame Schönheit hinter dem Leid der Menschheit. Jeder Erfahrung, jedem Kummer, jeder Traurigkeit und Böswilligkeit liegt eine Ursache, eine Sinnhaftigkeit zugrunde. Eines Tages, irgendwo und irgendwie, werdet ihr erkennen, dass es keinen Unterschied gibt zwischen tiefem Kummer und großer Freude.

Ihr könnt in die tiefsten Tiefen der Hölle hinabsteigen und dort Gott finden.

Wenn ihr schweren Kummer erleidet und auf harte Bedingungen trefft, erlebt ihr eine Kreuzigung. Doch es wird euch helfen, dass White Eagle euch sagt, dass euch jede Kreuzigung dem großen Erwachen, der Auferstehung, näherbringt; ihr werdet eine Schönheit und ein tief befriedigendes Glück erfahren, wie ihr es nie zuvor gekannt habt. Bei jeder Kreuzigung in eurem Leben, gleich welche Form sie annimmt, denkt daran, dass der Kreuzigung immer die Auferstehung und der Auferstehung die Himmelfahrt folgt.

Teil eines grossen Planes

Die Welt steht zur Zeit unter dem Einfluss von Saturn, und auf die gleiche Weise, wie dieser alte Saturn den Einzelnen zum Altar der Einweihung führt, wird er auch die Nationen an den Altar der Einweihung führen – der Einweihung in die große Bruderschaft. Saturn erledigt seine Arbeit recht gut!

Hauptsächlich durch Leid lernt die Menschheit, auf die älteren Brüder zu hören, die von Zeit zu Zeit die einfache Wahrheit neu formulieren. Diese Wahrheit, dieser Pfad, bedeutet, Leid zu lindern, Harmonie und Glück zu finden und sich Christus zu nähern, dem höchsten Ziel jeder Seele.

Alles arbeitet zusammen auf das Gute hin, und jeder, der Gott liebt, muss dies erkennen. Wenn gewisse Dinge passieren, so reagiert nicht töricht darauf: „Wie schrecklich!" Überlasst es Gott, sein Wirken zu verstehen, und seinen erhabenen Engeln, ihre Arbeit zu verstehen, denn sie bemühen sich stets, die törichten Fehler der Menschen zu berichtigen.

Selbstbeherrschung

Wir wissen um den Eifer im Herzen einiger unter euch, mit der Arbeit voranzukommen. Manchmal empfindet ihr das Leben als schwierig und seid verzweifelt über die Welt und besonders über euch selbst. Wir von der Großen Bruderschaft bringen euch Kraft, Liebe und Weisheit, um euch zu helfen.

In Augenblicken, wenn es euch schwerfällt, euch zurückzuhalten und zu beherrschen, holt tief Luft und wiederholt die Worte: „Gott ist in mir." Dann seid still und lasst das All-Gute durch euch offenbar werden. Unerwünschte Gedanken können nicht in eure Aura eindringen, wenn ihr aus dem Tempel, aus eurem Herz-Chakra, Liebe aussendet.

Wenn euch materielle Dinge ablenken, verhaltet euch sehr ruhig, sehr still. Denkt an die Brüder der Stille, deren Kraft, etwas zu vollbringen, in der Stille liegt. Berührt die Stille, und die Kraft des Geistes wird in euch fließen und alle eure Ängste zerstreuen.

Ein vollkommener Kanal für das Licht

Jesus war ein echter Eingeweihter, denn seine Psyche oder Seele befand sich in einem Zustand vollkommener Ausgeglichenheit. Er war ein vollkommener Kanal; ein wunderbares, ruhiges Meer, das das Sonnenlicht klar und schön widerspiegelte. Er wandelte auf dem Meer – nicht als Beweis für seine wundersame Macht über die Natur, sondern um einige seiner Jünger verständnisvoll zu belehren, dass er die Seele, das heißt die Emotionen, zu beherrschen verstand. Er hatte sich über die Unruhe der Wunschkörper des Lebens erhoben.

Es ist eine sehr einfache Botschaft, die Jesus seinen Jüngern hinterließ: *Liebet einander.*

Der Schlüssel ist im Innern

Einige unter euch finden immer noch einen Grund, um andere falsch zu beurteilen. Bemüht euch, Intoleranz zu überwinden. Versucht, euch an die Stelle der anderen zu versetzen und fühlt, was sie während ihrer Kreuzigung fühlen (denn das ist es, worauf dieses Geschehen hinauslaufen kann). Achtet auf die wahren Werte, einen reinen Blick und ein liebendes Herz.

Ihr erfasst nicht wirklich, dass in euch etwas ruht, das kostbarer, schöner und herrlicher ist, als ihr es euch jemals vorgestellt habt.

Wie die Blumenzwiebel in der dunklen Erde wächst und ihren Trieb schließlich der Sonne entgegenstreckt – eine wunderbare Blume –, so schlummern in jeder Menschenseele die Eigenschaften, eine Meisterseele zu werden, ein vollkommenes Kleinod.

Der Hauptschlüssel, den ihr in euch tragt, ist der Christus oder die geistige Kraft des göttlichen Willens, die in jedem ruht. Solltet ihr jemals in dieser Weise beunruhigt sein, so denkt daran: Lasst das ICH BIN die Herrschaft übernehmen. Ein Meister beherrscht alle Lebensumstände, weil er sein Wesen beherrscht.

FORTSCHRITT

Mögen alle Völker den göttlichen Willen zum Wohle der ganzen Welt anstreben. Kein Land muss sich fürchten, wenn es in allen Dingen nach dem göttlichen Gesetz handelt. Wir wissen, dass zahlreiche Probleme aufkommen werden, dennoch bleiben wir dabei, dass das geistige Gesetz der Weg des Friedens ist.

Der Geist, das Samenatom, das in das Herz-Chakra gesenkt wurde, ist der Christus-Same. Ihr seht euch in euren Inkarnationen genau denjenigen Bedingungen gegenüber, die für die Entwicklung dieses Samens unbedingt notwendig sind, damit die Seele vollkommen wird und der Christus-Geist erblüht.

Es gibt keinen Tod! Nur Fortschritt, Fortschritt, Fortschritt. Wachstum! Eine sich stets aufwärts, zur Sonne bewegende Lebenskraft. Hoffnung!

KAPITEL DREI

Heilung
Manipura- und Surya- (Solarplexus-) Chakras;
Jupiter

Wenn ihr euren Teil dazu beitragt, werdet ihr zu einem immer reineren und größeren Kanal für den mächtigen Strom der Christus-Liebe und des Christus-Lichtes werden, die gerade jetzt auf euch herabsteigen. Denn jetzt, gerade in diesem Augenblick, ergießt sich die Christus-Kraft über die Erde und heilt Wunden.

Woher Heilung kommt

Heilung bedeutet die Aufnahme der ewigen Sonne, des Lichtes, in den Körper. Wenn ihr euch an dieses Licht wenden könnt, dann atmet es ein. Wenn ihr in diesem Licht bewusst zu leben vermögt, so wird es die Zellen des physischen Körpers beherrschen. Der Körper ist so schwerfällig, das materielle Leben so stark – doch vergesst nicht die Macht Gottes, die die lebendigen Zellen eures Körpers erfrischt.

Über der großen Bruderschaft im Himmel erstrahlt der Christus-Stern, das Symbol des Christus im Menschen. Die geistige Kraft, die auf die Menschheit herabsteigt, wird durch das mit der Spitze nach unten weisende Dreieck versinnbildlicht, das die Menschennatur durchdringt und ausgleicht. Der Mensch wird durch die Geburt Christi, das erhabenste Geschehen auf diesem Planeten, vervollkommnet.

HEILUNG GESCHIEHT IM GEBEN

Sucht nach der sanften Liebe des Christus in euren Brüdern und Schwestern, und wenn ihr sie nicht sofort entdecken könnt, so gebt euch Mühe, sie dennoch zu lieben, und sie werden mit der Zeit darauf ansprechen. Dies ist das Gesetz der Bruderschaft – nach Liebe Ausschau zu halten, in jeder Weise Liebe zu schenken; rein und liebenswürdig zu leben, Mutter Erde rücksichtsvoll und aufmerksam zu behandeln, alles Leben zu achten und nicht das Blut irgendeines Geschöpfes zu vergießen; Liebe zu geben und dem Leben zu einer höheren und schöneren Form auf Erden zu verhelfen.

Wenn ihr für eure Brüder auf der Erde betet und meditiert, dann denkt nicht nur an Frieden; sendet auch das Christuslicht aus. Licht ... Licht! Das Licht, das das Gleichgewicht hält; das Licht, das den Zauber wirkt. Das strahlende weiße Christuslicht heilt alle körperlichen und seelischen Krankheiten.

Niemand vermag Gott durch den Intellekt allein zu finden. Jeder muss zuerst die Entwicklung seiner Seele, seiner Gefühle und seiner Liebe durchschreiten.

Der sechsstrahlige Stern ist das Sinnbild für das vollkommen ausgeglichene Leben. Wenn ihr euch vorstellt, aus unzähligen Millionen winziger sechsstrahliger Sterne zu bestehen, erlangt ihr vielleicht eine Ahnung davon, welche Kraft ihr besitzt – nein, nicht eure eigene Macht, sondern die Kraft Gottes in euch.

Erwachen

Wir, die wir der Sternbruderschaft angehören, kehren aus einem einzigen Grunde zu euch zurück – um euch zu helfen, das geistige Leben und die Bruderschaft allen Lebens zu erkennen.

Das Wassermann-Zeitalter ist die Epoche, in der sich die Menschheit ihrer wahren Natur bewusst wird. Der Einfluss Saturns hat Leid und Einschränkungen gebracht, und im Herzen erklingt das Losungswort, das die Pforten zum Wassermann-Zeitalter weit aufstößt.

Gerade jetzt erwacht eure Intuition und drängt euch, nach dem Licht zu streben.

Als erstes solltet ihr euch um die richtigen Werte bemühen. Lasst euch nicht durch den Unterschied zwischen dem so genannten Materiellen und dem so genannten Spirituellen verwirren, sondern strebt danach, in dem Bewusstsein zu leben, dass die Kraft des Unsichtbaren euch und die ganze Menschheit auf dem Evolutionspfad unterstützt.

Die Antwort auf jedes menschliche Problem liegt im göttlichen Geist. So lange die Menschen sich nicht über das Selbst zu erheben und Verbindung zu diesem göttlichen Geist aufzunehmen vermögen, werden sie nicht die Führung erhalten, nach der sie sich sehnen.

Erinnert euch an eure Gedanken und überprüft sie. Ihr werdet eure Bedingungen allmählich neu gestalten, euer ganzes Leben neu gestalten.

Der Mangel an geistiger Beherrschung bildet das größte Hindernis im Dienst des Meisters. Frieden ist das Ergebnis beherrschter und klug gelenkter Emotionen. Des Messers Schneide, auf der sich der Schüler bewegt, bedeutet, die Gefühle zu entwickeln, sie aber zugleich zu beherrschen.

Die Emotionen werden immer durch Wasser symbolisiert. Wenn sich das Wasser stark bewegt, verzerrt sich die Spiegelung. Ist das Wasser ruhig, klar und rein, wird alles makellos widergespiegelt.

Das Boot eurer Seele schlingert im Sturm. Wenn die Seele richtig ruft, hört der Meister. In dir erhebt sich die göttliche Kraft, die dich still und ruhig werden lässt. Sei in Frieden. Dein Meister übernimmt die Kontrolle über dein Boot, über deine Seele, und du wirst ruhig.

Kein Leid wird kommen

Ihr solltet nicht über euch selbst nachdenken. Ihr solltet nur euren Tag leben, alles und jeden lieben; atmet einfach nur Liebe, lebt Liebe, denkt Liebe – dann können Angriffe euren Schild nicht durchdringen. Dunkelheit wird euch nicht berühren, wenn ihr Licht ausstrahlt.

Es kann kein Leid geschehen, wenn sich der Christus durch euch manifestiert. In dem Maße, in dem ihr diese milde, friedfertige, stille Liebe dem Leben gegenüber – nicht nur den Menschen, sondern dem Leben selbst gegenüber, so dass ihr Licht ausstrahlt – aufzubieten vermögt, umgebt ihr eure Aura mit einem weißen Schild, den die Welt nicht durchdringen kann.

Eine Kraft, die von innen kommt

Der menschliche Körper ist mit einem Tempel zu vergleichen. In diesem Tempel befindet sich ein Altar, auf dem eine strahlend helle Flamme brennt. Geht in eurer Meditation zu diesem Altar und versucht es euch vorzustellen. Neigt euer Haupt vor der Altarflamme in eurem Tempel.

Gott hat Mann und Frau erschaffen, sie in eine Welt unendlicher Verheißung gestellt und ihnen grenzenlose innere Möglichkeiten gegeben. Nur ihr könnt euch selbst entfalten, und nichts hält irgendjemanden davor zurück, die grenzenlosen Fähigkeiten zu entwickeln, da der unendliche Geist ganz Liebe, Wahrheit, Weisheit, Güte und Brüderlichkeit für alle Geschöpfe ist.

Woher kommt Stärke?

Haltet eure Füße auf dem Boden, aber hebt euren Blick zum Himmel. Das Licht, das von oben in euch hineinströmt, wird euren Schritten Gewissheit geben und sie auf dem rechten Pfad leiten.

Wenn ihr eure eigene Schöpfung verstehen wollt, eure eigene Evolution, euer zukünftiges Leben, das Ziel, das ihr verfolgen sollt, so müsst ihr nach der Wahrheit tief in eurem Inneren suchen und das geistige Leben erkennen – das unsichtbare Leben, das jede Materieform durchdringt. Ihr müsst erkennen, dass dieses unsichtbare Leben das lebendige Wort Gottes ist.

Der sechszackige Stern

Wir lenken eure Aufmerksamkeit auf das Symbol

des Christus-Sterns – gestaltet, erschaffen als ein wunderschöner, strahlender, lichtvoll pulsierender Stern. Die Strahlen dieses ewigen Symbols strömen unaufhörlich weit hinaus und erleuchten die Erde. Wo liegt der Ursprung dieses Sterns? Diese besondere Manifestation ist das Ergebnis einer langen Periode von Gott-Gedanken, guten Gedanken, liebevollen Gedanken, aufbauenden Gedanken, die von jenen ausgesendet worden sind, die im Geiste auf der Erde wirken. Diese vereinte Bemühung und Kraft, die schon so lange hinausgeht, erschafft diese Form. Sie ist allerdings weitaus mehr als eine Gedankenform und wird über die Welt und auch in die unsichtbaren Sphären hinaus gesendet, die diesen Planeten umgeben.

Der Stern ist nicht nur eine starke, kosmische Kraft, er ist auch eine zärtliche, liebevolle Führungskraft und eine schützende Kraft in eurem Leben.

Der Meister kennt eure Ängste und Sorgen, und wenn ihr zu ihm, wenn ihr in den Stern geht, werdet ihr den Trost, die Führung und die Liebe erhalten, derer ihr bedürft.

Wenn ihr das Licht des Sterns aussendet, so drückt es nicht bloß durch euer Stirn-Chakra aus. Öffnet euch in Demut, Sanftmut und Liebe dem „Christos", dem einen, den wir Christus nennen – dem vollendeten Menschen –, dem makellosen Sohn oder der Sonne Gottes. Wenn ihr das Licht des Sterns aussenden wollt, versucht zuerst das Gefühl der Liebe in eurem Herzen zu wecken. Jesus sagte ganz einfach: *„Liebet einander."* So lieben wir Gott. Wir erheben unsere Gedanken zur Spitze des goldenen Dreiecks und führen uns dort den herrlichen Stern vor Augen. Wir halten diesen Stern, diesen Lichtpunkt, und in diesen Lichtpunkt, direkt im Zentrum des vollkommenen, geometrischen, sechsstrahligen Sterns, können wir das Bild von jemandem halten, dem wir helfen möchten. Oder wir halten nur den Stern und sehen die Strahlen von ihm ausgehen.

ERLÖSUNG

Die Religion des Neuen Zeitalters wird eine völlig andere Form annehmen. Die alte Priesterschaft, die orthodoxe Form der Gottesdiener, wird es nicht mehr geben. Die neue Religion wird jedem Menschen helfen, den inneren Gottesfunken zu entfalten, und jeder von euch wird lernen, dass der beste Weg, um die göttliche Kraft im Inneren anzuregen, der Weg der Gruppenarbeit ist. Es werden sich einige zusammentun. *„Wo zwei oder* *drei in meinem Namen versammelt sind, da bin ich mitten unter ihnen",* sprach Christus durch den Meister Jesus. Religion wird die Gestalt von Gruppenarbeit, mit anderen Worten, sie wird die Form wahrer geistiger Bruderschaft annehmen.

Ihr seid Geist, und als Geist seit ihr Töchter oder Söhne Gottes. Als Kinder Gottes habt ihr Anspruch auf euer Geburtsrecht – die Macht des inneren Geistes, euch von den Fesseln in einer materiellen Welt zu befreien.

Erkennt ihr, was es bedeutet, dass Christus der Erlöser der Menschheit ist? Nicht ein an ein Holzkreuz genagelter materieller Körper errettet die Menschheit von ihren Sünden, sondern ihr selbst, wenn ihr euch auf diese höchste Bewusstseinsebene aufschwingt (oder nach innen kehrt), auf der ihr euch mit der Sonnenkraft verbindet, eurem Sonnenselbst, dem Christus.

Goldene Höhen warten auf euch und jede andere Seele. Zuerst aber müsst ihr alle falschen Werte abstoßen und erkennen, dass das Wichtigste im

Leben das Erwachen des Gottesgeistes in euren Herzen ist.

Wenn ihr euch dieser sanften und lieblichen Ausstrahlung unterwerfen könnt, wird euer Pfad von Licht, Glück und einem stillen Frieden erfüllt sein.

Eure Verantwortung gegenüber dem Leben

Gebt euch nicht der Furcht hin, denn wenn ihr solches tut, lauft ihr zum Feind über. Ihr könnt entscheiden, ob ihr Gott in euch eintreten lasst und er euch gebraucht, um eure Mitmenschen zu lieben und zu unterstützen – oder den 'Teufel', um zu verdammen und zu zerstören. Der wahre Bruder oder die wahre Schwester erkennt, dass jede noch so arme, gefallene Seele den Gottesfunken enthält, der zum Leben entfacht werden muss.

Denkt daran, es ist nicht euer Wille, der Wunder wirkt. Es ist die Macht Gottes, es ist Gottes Wille. Unterwerft euch in allem Gottes Willen.

Meditation und Liebe schließen das Tor zum Königreich der himmlischen Mysterien auf. Aber die Meditation allein genügt nicht; sie muss mit einer schlichten, liebevollen und sorgenden Lebensweise gegenüber allen Geschöpfen einhergehen.

Versteht die Bedeutung der täglichen Meditation, der Vorbereitung auf den Tag. Es geht darum, zuerst zu denken, bevor ihr sprecht und handelt. So erkennt ihr, wie wichtig es ist, das Temperament und die Emotionen zu beherrschen. Macht es euch zur Gewohnheit, Gedanken der Reinheit, Güte, Freundlichkeit und des guten Willens willkommen zu heißen und auf sie anzusprechen.

Ihr seid nicht nur ein Gefäß des Lichts, vielleicht wie eine kleine Altarlampe, sondern ihr seid auch imstande, die Lampe eures Bruders oder eurer Schwester wieder anzuzünden.

KAPITEL VIER

Aufbruch
Anahata- (Herz-) Chakra; Venus

Dienen unter anderen

Liebe, Güte, Höflichkeit, unermüdlicher Einsatz für das Gute und Hilfsbereitschaft (auch wenn nicht ausdrücklich um Hilfe gebeten wurde, diese aber vonnöten ist) – durch diese Einstellung öffnet sich das Herz-Chakra, und das Licht strömt aus dem Herzen.

Ihr seid zu einem besonderen Zweck auf die Erde zurückgekommen. Ihr seid nicht nur gekommen, um euer Gottesbewusstsein zu entwickeln, sondern auch um den Weg für alle zu bahnen, die folgen. Ihr könnt nicht anders, als euren Charakter und eure Göttlichkeit zu entwickeln, wenn ihr den Menschen wirklich dient.

Jemand, der dieses innere Licht besitzt, trägt es mit sich, wohin er auch geht.

Im Neuen Zeitalter wird jeder lernen, in seinem eigenen Tempel zu beten – das heißt, im Heiligtum des Herzens. Die Menschen werden ihr Leben nicht nur nach irdischen Werten ausrichten, sondern nach ihrem eigenen geistigen Licht. Ihr Geist wird ihnen zeigen, wie sie sich ihren Mitmenschen gegenüber verhalten sollen. Die Kathedrale des Neuen Zeitalters wird sich aus dem Leben der Menschen erheben.

LEBE IM JETZT

An einem bestimmten Punkt steht ihr einer unerschütterlichen Wahrheit gegenüber. Ihr werdet an eine Grenze gelangen, die ihr nicht überqueren könnt, bevor ihr die Lektion der Brüderlichkeit vollkommen beherrscht. Diese Tatsache müsst ihr erkennen und verwirklichen und durch die Liebe eins mit allem Leben werden.

Ihr, die ihr euch um materielle Bedürfnisse sorgt, denkt daran, dass die Liebe Gottes allmächtig ist. Gott weiß! Wir rufen euch zu: Seid mutig! Schreitet wie Söhne und Töchter Gottes auf eurem Lebenspfad voran. Gott sorgt für euren Lebensunterhalt, eure Nahrung und die Erfahrung, die ihr auf eurer Lebensreise benötigt, damit ihr wachst und euch entwickelt.

Blickt niemals in die Zukunft und erwartet dies, das oder jenes. Lebt mit Gott im Heute, und die Zukunft wird euch keine größere Freude bereiten, als ihr sie heute erlebt. Viele Menschen verbringen ihre Tage in der Erwartung, dass irgendetwas geschieht, sich etwas ereignet. Das bedeutet, in Angst zu leben, und wir möchten euch heute zeigen, wie töricht dies ist. Lebt im Heute. Lebt und seid ruhig, und ihr habt euer Himmelreich betreten.

Vor allem möchten wir euch bitten, jegliche Furcht abzuschütteln. Wenn ihr diese kleine Lektion auch nur einige Wochen lang beherzigt, werdet ihr am Ende erkennen, welchen großen Schritt ihr vorwärts gemacht habt. Seid ohne Furcht. Ergebt euch Gott.

Ein Symbol der vollkommenen Seele

Ihr könnt Gott nur durch das Leben, eure Gefühle und eure Seele dauerhaft finden, so dass die Seele zur Brücke zwischen Himmel und Erde wird und die Menschheit wieder zu Gott zurückbringt. Die Seele ist die Brücke.

Der sechsstrahlige Stern ist das schönste Sinnbild für die vollkommen ausgeglichene Seele, eine Seele, deren Haupt im Himmel ist, deren Fähigkeiten belebt werden, um das Licht von oben zu empfangen, und deren Füße fest auf der irdischen Straße stehen, die sie mit nur einem Ziel im Auge geht – wahres geistiges Glück zu finden und zu geben.

Aus dem Herzen Jesu strömten unaufhörlich die Strahlen einer reinen, weißen Magie. Jedes Menschenherz kann immer noch dieselben Strahlen aus dem Herzen Christi empfangen, und wenn das Herz rein und fröhlich bleibt, vermag es seinerseits Licht und Heilung in alle Welt zu senden.

Wenn die Liebe ins Herz dringt, führt sie zur Erleuchtung, was bei geistigen Helfern als Licht wahrgenommen werden kann. Ein Mensch mit Liebe im Herzen leuchtet wie eine kleine Fackel. Wenn die Liebe die gesamte Menschenfamilie erfasst, wird es so viele Lichter geben, dass sich der Nebel auflöst.

SPIRITUELLE PRAXIS

Ihr müsst euer geistiges Wesen täglich sicher, stark und zielgerichtet entwickeln, und zwar durch Meditation und durch die fortwährende Ausübung der Liebe in eurem Alltag.

Die Intuition kann in der Meditation entfaltet werden, nicht durch die Tätigkeit des Verstandes, sondern durch die stille Betrachtung im Heiligtum des Herzens.

Tut eurer Seele Gutes, indem ihr euch nicht übermäßig sorgt, sondern euch an die weisen Gesetze des rechten Lebens, Essens und Denkens haltet. Sorgt für möglichst reine und ordentliche Verhältnisse in eurem Heim und in der Umgebung.

Ihr wünscht, mit Gott zu arbeiten, um Harmonie, Schönheit, Gesundheit, Ganzheit und Glück nicht nur für euch selbst, sondern für die ganze Menschheit zu erschaffen. Es ist dieser Ansporn schöpferischer Liebe, der euren Gedanken und Gebeten Kraft und Leben verleiht. Dies ist das Werk der Bruderschaft.

Ihr trefft genau den Kern. In all eurem Tun seid ihr direkt, erkennt aber auch, wenn ein Bruder oder eine Schwester sich verletzt fühlt, und handelt und sprecht daher achtsam und gütig.

Einige geistige Qualitäten

Der Meister Jesus verkörperte sowohl das Menschen- als auch das Gottwesen. Er vermochte in die Schmerzen und Freuden seiner Brüder und Schwestern einzudringen. In den kleinen Dingen fand er seine größte Freude. Nicht wie ein Lasttier arbeitete er auf dem Felde, sondern als Sohn Gottes, der Sonne entgegen; es war ihm eine Freude, dem Leben zu dienen, Gott zu dienen und seinem Bruder, seiner Schwester zu dienen.

Die in den vier Evangelien dargestellte Güte und Sanftmut zeigt euch ein Bild des Christus. Wenn ihr ihm von Angesicht zu Angesicht begegnet, bemüht euch, in allem so zu handeln und zu denken, wie er gehandelt oder gedacht hätte. Er war stets gütig, liebevoll, mitfühlend und bescheiden.

Seid tapfer und schreitet mutig voran und haltet euch das goldene Licht vor Augen, auf das ihr stets zuwandert.

In euren Meditationen erfahrt ihr, wie ihr die höheren Zentren belebt, das heißt euer Bewusstsein für die reine, geistige Lebensebene öffnet. Dies ist der richtige Weg, um die inneren Fähigkeiten zu entfalten. Der sechste Sinn, die Intuition, wirkt aus dem Herz-Chakra. Der sichere und richtige Weg geistiger Entfaltung ist es, aus der Liebe des Herzens heraus zu arbeiten.

Der Weg

Es ist sehr schwierig, den Weg zu finden, und sehr schwierig, ihn standhaft zu gehen, wenn man ihn erst einmal gefunden hat, da es so viel gibt, das den Blick umwölkt. Halt zu gewinnen und voranzuschreiten, heißt nicht, diesen oder jenen Weg zu wandern, sondern nach innen zu gehen und mit ganzer Kraft zur göttlichen Weisheit zu beten. Wenn sich das Licht einstellt, wird es nicht das Licht des Intellekts allein sein, sondern ein Licht, das die Seele drängt, alle zu lieben.

Es sind nicht nur einige Auserwählte, welche die Meisterschaft oder die Christus-Stufe erlangen. Alle Kinder Gottes haben denselben Pfad betreten. Doch die Seele muss zuerst erkennen, dass das Leben eine große Bruderschaft ist.

Nur durch immer tiefer werdende Meditation lernt ihr, die Zukunft und den Pfad, den ihr geht, klarer zu sehen und zu erkennen. Immer besser zu verstehen, was ihr tut und wohin ihr geht, wird euch mit tiefem Glück erfüllen.

Wenn ihr auf eurem Pfad voranschreitet, werdet ihr deutlich erkennen, dass ihr das werdet, was ihr denkt.

Das Goldene Zeitalter wird sich nicht auf materielle und wissenschaftliche Errungenschaften gründen, sondern auf ein schlichtes, gütiges Herz.

Göttliches Feuer brennt in eurem Sein, und wenn ihr das Antlitz der Sonne zuwendet, werden die Sonnenstrahlen diesen individuellen Funken entfachen.

Gelegentlich hört ihr von einer Widerspiegelung oder Manifestation dieser Herrlichkeit, die großartige Menschen und natürlich die, die ihr Meister nennt, wie ein Blitz durchleuchtet. Sie strahlen die Herrlichkeit und Schönheit des göttlichen Lebens aus. Ihr denkt, dieses Wesen zu verehren, ihm aber niemals nahe treten zu können. Ihr verehrt aus der Ferne, anstatt euch selbst in der Gewalt zu haben und daran zu arbeiten, euren eigenen Charakter zu vervollkommnen, damit sich derselbe göttliche Geist durch euch für alle Geschöpfe manifestiert. Darin liegt der ganze Sinn eures Lebens.

In dem Maße, in dem Männer und Frauen ihre inneren Augen für die Welt des Lichtes öffnen, wird sich die gesamte Schwingung, die gesamte physische Substanz verändern, läutern und zum Körper eines Meisters werden.

So erwartet man auch von euch, dass ihr eines Tages so von der Heiligkeit und Liebe des Meisters durchdrungen seid, dass ihr seine Güte und Liebe in die Welt hinaus tragt. Ist dies zu viel verlangt?

Obwohl jeder von euch seinen eigenen, einsamen Weg gehen muss, seid ihr niemals allein. Ein Widerspruch?

Fehler spielen keine Rolle. Im Vergleich zu den erhabenen und weisen Wesenheiten machen wir alle Fehler. Die innere Stimme kommt aus dem Herzen der Weisheit, nicht vom Selbst. Die Intuition kommt wie ein Blitz, sie ist ein inneres Wissen. Wichtig ist es, den Mut zu besitzen, um danach zu handeln; um zu allem bereit zu sein.

Um dies alles zu erreichen, müsst ihr unermüdlich voranschreiten. Wenn ihr auch nur ein Jota von dem, was ihr durch unsere Worte fließen hört oder lest, in euren Alltag einbaut, macht ihr es wirklich gut.

Die Rose ist das Symbol eines Menschenherzens, das den Duft der Liebe ausströmt. Ihr mögt solche Herzen nicht häufig sehen, aber wir sehen sie. Wir sehen viele Menschenherzen, die sich uns öffnen, und atmen den zarten Duft menschlicher Liebe.

Wenn sich euer Herz-Chakra in wahrer Liebe und Freundschaft für alle Geschöpfe öffnet, beginnt es zu wachsen und sich auszudehnen und kann hellsichtig als ausstrahlendes Licht wahrgenommen werden.

Schreitet unermüdlich voran

Eines möchten wir klarstellen: Es gibt keine Abkürzungen. Es ist ein Unterschied, ob man seine Evolution beschleunigt oder den Weg zum Himmel abkürzen will. Ersteres ist möglich – tatsächlich wird diese Möglichkeit den Menschen im Augenblick geboten –, aber das andere ist völlig abwegig. Man kann im Leben keine Abkürzung nehmen.

Immer wieder werdet ihr von uns hören: „Schreitet unermüdlich voran." So viele sind dazu nicht in der

Lage. Sie schlafen am Wegrand ein. Sie werden mutlos. Sie kehren um. Aber die Seele, die durchhält und unermüdlich voranschreitet, erreicht das Ziel geistiger Befreiung.

Kein einziger beschwerlicher Tag ist vergeudet. Jeden Tag lernt und erschafft ihr Neues, und wenn ihr auf der Stufe der wahren Seelenharmonie ankommt, eröffnet sich euch ein Anblick zunehmender Schönheit. Es ist nicht unsere Aufgabe, euch an dieser Stelle zu schildern, was auf jede Seele wartet. Seid guter Dinge! Lebt und lasst in eurem Herzen das Mantra klingen: „Ich bin im Mittelpunkt meines Universums; ich bin das Zentrum von Gottes Leben; alle Weisheit, Liebe und Kraft liegt in meinem Inneren."

Die Menschen empfinden sich in großer Versuchung, denn es ist viel einfacher, hierhin, dorthin und überallhin zu gehen und alle möglichen Orte aufzusuchen, im Westen, Osten und Süden, auf der Suche nach einem Meister! Und die ganze Zeit ist der Meister in ihrem Inneren, so nahe!

KAPITEL FÜNF

*Entwickeln geistiger Qualitäten
Vishuddha- (Kehl-) Chakra; Merkur*

Es liegt in eurer Macht zu lernen

Wenn ihr gelernt habt, eure Sinne und Emotionen zu beherrschen, liegt es in eurer Macht, euch über das begrenzte Bewusstsein eures irdischen Daseins zu erheben und auf jene höheren Ebenen zu begeben, in den Äther einzutreten, der die grobstoffliche Materie durchdringt, und die Herrlichkeit des göttlichen Schöpfungsplans zu sehen, der das Fassungsvermögen des endlichen Geistes übersteigt.

Doch erst wenn der Einzelne von seinem endlichen Verstand befreit ist, kann er oder sie die Ewigkeit verstehen. Ewigkeit ist jetzt.

Die leise Stimme, die ihr durch aufeinanderfolgende Einweihungen zu hören lernt, wird euch zuflüstern: „Ja, ich erinnere mich, ich weiß. Ich erinnere mich jetzt nicht ganz genau, aber ich habe ein Gefühl." Wie wertvoll diese Gefühle doch sind! Die Engel unterstützen die menschliche Evolution durch das Fühlen.

Arbeitet mit Weisheit

Das Denken vermag alles in der Welt. Gedanken der Wut, der Angst und des Hasses bilden die Wurzeln allen Leides und aller Kriege. Gedanken können auch Schönheit und Harmonie bewirken und Brüderlichkeit sowie alles andere, wonach sich die Menschen sehnen. Nur Gutes zu sehen, Gutes zu schaffen, positiv zu denken, trägt dazu bei, alles Wünschenswerte und Gute herbeizuführen.

Wir wissen, dass alle Dinge mit Liebe getan werden können; aber wenn das Wissen fehlt, gleicht sie einer geschlossenen Blüte. Strebt nach Wissen; strebt danach, bewusst auf den höheren Ebenen zu arbeiten und es zu verstehen.

Das vollkommene Leben erkennen

Das neue Jerusalem ist die vollendete Seele, der vervollkommnete Mann, die vervollkommnete Frau. Darin, meine Freunde, liegt das Ziel jedes Wahrheitssuchenden. Denkt nicht, es sei nur ein

Zustand, der euch in Tausenden von Jahren erwarte. Ihr könnt jetzt beginnen, dieses vollkommene Leben zu begreifen.

Der Meister leitet die Seele über viele schwierige Wege, durch viele dunkle Passagen – das, was ihr zur Zeit in eurem Erdenleben durchmacht. Ihr wisst nicht, wohin euch der Weg führt, wann ihr abbiegt oder was ihr danach vorfindet. Das Menschenleben ist wirklich ein Durchgang, durch den das Wesen – Mann oder Frau – von einem Führer nicht nur während einer Inkarnation, sondern im Laufe von vielen Leben geleitet wird.

Diejenigen unter euch, die sich in der Meditation üben, erkennen die Möglichkeiten des schöpferischen Denkens, des Gott-Denkens, des guten Denkens. Ein makelloses Denken erschafft eine makellose Form, und mit der Zeit werdet ihr ein makelloses Leben gestalten.

Entwickeln mit Unterscheidung

Obwohl ihr es noch nicht erkennt, seid ihr doch stets von einer Schar von Geistwesen umgeben. Ihr besitzt gewisse Träger oder Körper, über die ihr mit den verschiedenen Ebenen Verbindung aufnimmt. Die Menschheit hat sich lange Zeit auf die Anregung und Entwicklung des Intellekts konzentriert. Nun ist für euch alle der Zeitpunkt gekommen, euren sechsten Sinn zu entfalten, den wir Intuition nennen. Dieser sechste Sinn oder Lichtstrahl soll euch die Geheimnisse der Natur, der Schöpfung und des gesamten geistigen Lebens und seiner Sinngebung eröffnen.

Das Licht, das in jedem von euch im Laufe eurer geistigen Entfaltung erzeugt wird, ist wirklich und greifbar. Jeder Schüler, der seine inneren Fähigkeiten entfaltet, strahlt es aus, und es durchdringt tatsächlich die Seele des anderen. Diese heilige Kraft muss behutsam und klug eingesetzt werden.

Übt euch darin, die Gedanken zu beruhigen, die Emotionen zu beherrschen und weise zu steuern, sie nicht zu unterdrücken, sondern sie auf eine höhere Stufe der Liebe, des Dienens und der Güte zu erheben. Durch die Verschmelzung von Intellekt und Emotionen wird der Geist berührt, die Intuition erreicht.

Wenn ihr gelernt habt, die Stimme der Intuition zu vernehmen, wird eure Vernunft nicht an erster Stelle stehen. Die Vernunft wird ihren Zweck in eurem Leben erfüllt haben, und ihre Vorherrschaft wird vergehen. Die Vernunft weicht der Intuition oder göttlichen Intelligenz des Gott-Selbst.

Träume erschaffen tatsächlich äußere Umstände, wie wir in der geistigen Welt sehr wohl wissen und deshalb aus Erfahrung bezeugen können. *Ohne Vision geht der Mensch zugrunde!* Deshalb haltet an euren Träumen fest und schreitet unermüdlich voran.

Rechtes Leben ist eine positive Affirmation

Wenn ihr alles unternehmt, was ihr könnt, um durch rechtes Denken, Sprechen und Handeln und eine richtige Lebensführung eure physischen Atome zu läutern; wenn ihr niemanden verurteilt, sondern euch selbst anseht, wenn ihr diese Regeln befolgt, dann wird sich euer Bewusstsein unmerklich heben, und ihr werdet ein ungeahntes Glück entdecken. Ihr werdet einen Frieden und eine Freude in eurem Herzen fühlen, die euer irdisches Fassungsvermögen übersteigen, und eine wohlwollende, gütige Kraft wird euch befähigen, alles Krumme geradezurichten und die Gefängnistüren eures Lebens aufzustoßen.

Wir möchten euch zu verstehen geben, dass der Geist nicht bewegungslos, sondern stark und mächtig ist, feiner als die Substanz, feiner als die Schwingung der Erde. Er ist der Stoff des Lebens.

Es ist Gottes Plan, Schönheit zu bringen. Wir möchten nicht Vollkommenheit sagen, nicht in dem begrenzten Sinne, in dem das Wort meist verstanden wird. Für uns gibt es keinen Stillstand, nicht einmal bei Gott. Wir sehen kein vervollkommnetes Wesen, das allezeit gänzlich vollendet, fertig und da ist. Wir bestaunen und verehren einen Gott, der zu immer größerer Schönheit wächst und immer größere Wellen von Leben und Licht aussendet, der das göttliche Selbst nicht nur in diesem Universum, sondern auch in Universen zum Ausdruck bringt, die noch gar nicht geboren sind.

Das Menschliche kann
eine Widerspiegelung des Göttlichen sein

Die weiße Rose weckt in euch die reine Liebe, die göttliche Liebe. Die weiße und die rote Rose versinnbildlichen zwei Lebensaspekte; die weiße Rose steht als Symbol für den reinen Geist, und die rote Rose für des Menschen Geist oder Seele, nachdem sie tiefgreifende menschliche Erfahrungen gesammelt hat.

Wenn ihr (in der geistigen Welt) an einem See steht und die Widerspiegelung des Guten und Schönen betrachtet, könnt ihr euer eigenes Spiegelbild sehen und euch selbst im Vergleich zu Gott und Gottes Manifestation der Wahrheit.

Die Entfaltung des Sonnenlichts in eurem Sein befähigt euch, das so genannte Hellsehen oder die innere Schau zu entwickeln. Innere Schau bedeutet inneres Wissen. Wenn ihr dieses habt, kennt ihr die Wahrheit, ihr erkennt die Liebe in euren Brüdern und Schwestern. Ihr versteht auch ihre Seelennöte.

Intuition, eine weibliche Eigenschaft

Das kommende Wassermann-Zeitalter wird die Mutter oder den weiblichen Lebensaspekt in den Vordergrund rücken. Mit anderen Worten, es kündigt sich durch die zunehmende Entwicklung der Intuition und ein Anwachsen der Seelenkraft unter den Menschen auf der Erde an. Das erste Prinzip, das stellvertretend für den Vateraspekt oder den

Willen steht, muss durch das Mutterprinzip oder die Intuition ausgeglichen werden.

Die Seele ist friedliebend; die Seele sehnt sich nach Schönheit, Harmonie und Vollkommenheit; die intuitiv veranlagte Seele vermag in die Zukunft zu blicken und möchte das Menschengeschlecht schützen, nicht zerstören.

Das, was das Herz aufnimmt, ist Wahrheit.

Keine Schranke zwischen den Welten

Das geistige Leben durchdringt das irdische, und es gibt kein „Hier" und „Dort drüben", wie ihr es euch zum Teil vorstellt. Es gibt keine unüberwindbare Schranke zwischen Materie und Geist, sondern gegenseitige Durchdringung.

In jeder Seele ruhen geistige Kräfte und warten auf ihre Entdeckung, aber jede Seele muss zur höchsten Stufe geschult und entwickelt werden, damit die Welt, mit der sie in Berührung tritt, die himmlische ist.

Euer ganzes Leben spielt sich im Wirkungsfeld kosmischer Kräfte ab, und wie ein Magnet zieht ihr solche Bedingungen und Kräfte an, die denen gleichen, die ihr in euch selbst geweckt habt.

Schreibt die geistigen Dinge nicht eurer Phantasie zu. Lasst die geistigen Wahrheiten Lebenswirklichkeit für euch werden.

Geht niemals nach außen, um geistige Menschen zu finden. Es mag seltsam klingen, doch wendet euch immer nach innen an euer Herz. Nicht mit dem Gehirn, nicht mit dem Sonnengeflecht, sondern mit dem Herzen stellt ihr die echte Verbindung her.

Vorwärts und aufwärts

Die Welt von morgen wird sich auf die Vorsätze, Bestrebungen und Entscheidungen der Menschen von heute gründen. Falls diese Welt das einzige Ziel eurer Hoffnungen ist, kann sie nur entstehen, wenn ihr euch zur geistigen Stärke bekennt und stark seid im Licht des Kosmischen Christus, der in euch und außerhalb von euch lebt.

Euer Meister spricht zu euch: Vertreibt die Angst ... fürchtet euch nicht ... seid ganz ... hegt keinen Wunsch." Und weiter: „Seid diesem Mann oder dieser Frau gegenüber aufrichtig." Wenn euch das Ideal des Meisters in eurem Herzen bewegt, euch dem Niederen, Gemeinen und Kleinlichen, besonders in den unsichtbaren oder unbekannten Dingen, nicht zu beugen, wenn ihr immer handeln könnt, als wäre euer Meister an eurer Seite, und euch verhaltet, wie sich wohl euer Meister verhalten würde, dann nähert ihr euch dem Moment der Begegnung, und ihr werdet ihn oder sie hier auf der Erde von Angesicht zu Angesicht sehen.

Der Schüler lässt alle irdischen Güter zurück – Verstand, Körper, Besitz und Wünsche –, um Gott zu folgen. Wenn ihr dies versteht, könnt ihr euch auf eure Intuition verlassen.

Vorwärts, vorwärts, vorwärts! Vermehrt eure geistigen Eigenschaften und Kräfte, die den höchsten und reinsten Anteil eures Daseins und des Menschen bilden werden!

KAPITEL SECHS

Brüderlichkeit
Ajna- (Stirn-) Chakra; Uranus und die Sonne

DEN MEISTER ERKENNEN

Wie wird euer Meister erscheinen? Lauscht! Euer Meister mag heute oder morgen durch die Lippen eines Mitmenschen zu euch sprechen.

Ihr müsst euren Meister suchen. Er oder sie wird nicht hinter euch herlaufen und sich offenbaren. Euer Meister wird nicht sprechen: „Siehe, ich bin dein Meister; folge mir nach!" Nein, es ist eure Aufgabe, ihn oder sie zu finden und ihm oder ihr zu folgen. Es mag lange dauern, aber ihr könnt ihm oder ihr mit Sicherheit in diesem Leben von Angesicht zu Angesicht begegnen; und euer Meister kann auch durch irgendein Buch zu euch sprechen. Vielleicht seht oder hört ihr ihn oder sie in einem herrlichen Sonnenuntergang oder einem großartigen Musikstück oder in einem wunderschönen Gedicht, in der Botschaft eines Blumenbeets oder in einem Pinienbaum.

Diejenigen, die einen Meister erkennen, müssen aber schon selbst einen Grad an Meisterschaft besitzen.

Es ist die höhere Mentalebene, auf der ihr zu gegebener Zeit den älteren Brüdern von Angesicht zu Angesicht begegnen werdet. Ihr müsst euch vor allem durch die Meditation schulen. Wir setzen die Meditation an die erste Stelle, weil ihr durch sie lernt, euer Bewusstsein über die Astralebene auf die höhere Mentalebene zu erheben. Wahre Meditation findet auf der höheren Mentalebene statt, und indem ihr sie ausübt, gelingt es euch immer mehr, euer Bewusstsein auf dieser Ebene zu halten und sie von der Verwirrung des Astralen zu unterscheiden.

Der Tempel der goldenen Blume

Vielleicht hilft es euch zu wissen, dass ihr, ein einfacher Bruder, eine einfache Schwester, mit eurem Meister engen Umgang pflegen könnt. So wie euer höchstes Selbst die vollendetste Menschenform gestaltet; so wie euer höchstes Selbst sich euren Meister vorzustellen vermag, so wird seine oder ihre Gegenwart für euch Wirklichkeit werden.

Der Schüler von heute beschäftigt sich nicht mit dem mönchischen oder asketischen Leben von früher. Er oder sie ist aufgerufen, unter die Menschen zu gehen, mit dem Licht der Ewigkeit zu verschmelzen und es ins Denken derjenigen zu vermitteln, denen er begegnet.

Wenn ihr euren physischen Körper, das Nervensystem und das Denken wirklich beherrscht – so dass ihr in jeder Weise die Bedingungen zu schaffen imstande seid, die der göttliche Wille in euch wünscht –, dann könnt ihr in der Meditation den „Tempel der goldenen Blume" aus geistiger oder himmlischer Substanz um euch herum erbauen. In der Meditation seid ihr vollkommen geöffnet, vergleichbar mit einer wunderschönen Blume, mit dem tausendblättrigen Lotos des Scheitel-Chakras oder dem vielblättrigen Lotos des Herz-Chakras.

Die Friedensstifter

Die Intuition kann sich bis zu einem solchen Ausmaß entwickeln, dass sie zum Wissen wird, zum absoluten und sicheren Wissen um das göttliche Leben. Diese Kraft fließt durch die Hände, durch die Augen, durch die Aura der Menschen, die sie entwickelt haben. Diese Brüder und Schwestern wandern durch die Welt und tragen heilende Kräfte in sich. Sie sind Friedensstifter. Sie haben die Fähigkeit, jene höhere Bewusstseinsebene jederzeit und in jeder Lebenssituation zu erreichen.

Das Licht ist nicht nur etwas, das euer Herz schmücken kann, sondern eine Wirklichkeit, die das Fleisch durchdringt, das eure Seele umhüllt. Das Licht soll die Materie durchleuchten, sie benutzen, beherrschen und verherrlichen.

Der Erleuchtete kann sein Leben nur auf eine einzige Weise leben; er soll sich nicht nur seinen Brüdern und Schwestern, sondern allen Geschöpfen gegenüber liebevoll, gütig und freundlich verhalten.

Ihr seid Licht

Das Reich Gottes wird auf die Erde kommen, wenn ihr entdeckt habt, dass das Licht des Christus-Geistes, das Christus-Licht, das als Samenkorn in jeden Einzelnen gelegt wurde, in eurer Seele leuchtet.

Ihr seid hier, um euch der physischen Materie zu bedienen, nicht um euch von ihr beherrschen zu lassen. Ihr seid hier, ihr seid Licht, und ihr sollt in der Dunkelheit leuchten. Ihr müsst eure irdischen Leben nutzen, um die schwerfälligen Atome des physischen Körpers umzuwandeln. In euch liegt die Kraft, die Körperatome zu verändern, denn die physischen Atome sind geistige Atome.

Wenn dieses göttliche Feuer vollständig entfacht ist, so dass alle Chakras der Absicht Gottes entsprechend aktiv sind, wird sich der ganze Körper in einem erhobenen Zustand befinden. Obwohl noch physischer Natur, wird er auf einer sehr viel höheren Bewusstseinsebene tätig sein, als es gegenwärtig der Fall ist.

Wir sprechen aus Erfahrung. Wir wissen, was wir in den höheren Welten gesehen haben. Wir wissen, dass die Materie, wie ihr sie auf der Erde erblickt, nicht vollkommen ist. Aber mit Hilfe von Männern und Frauen, die im Einklang mit der Natur arbeiten, wird diese sich weiterentwickeln. Wir sehen tatsächlich eine wunderbare Erde!

Möget ihr das neue Jerusalem schauen, das in eurem innersten Sein ruht; und möge eure Vision auf der Erde und auf allen Lebensebenen zum Ausdruck kommen!

Das Zerreißen des Vorhangs bedeutet das Ineinandergreifen jener höheren geistigen Lebensebenen mit den physischen Bereichen. Das Menschengeschlecht wird die Herrlichkeit des Himmels schauen. Es wird keine Trennung mehr geben.

Es ist wahr, es gibt keinen Tod. Wenn ihr die große Schwelle überwunden habt, werdet ihr erstaunt fragen: „Aber ich habe nichts gespürt! Bin ich tot? Ich fühle mich genauso wie vorher." Es gibt keinen Unterschied, nur dass ihr ein Gewand abgelegt und zurückgelassen habt.

Johannes *sah einen neuen Himmel und eine neue Erde* – die heilige Stadt – gleich einem neuen und vollkommeneren Jerusalem. Gott, der Geist, ist die geistige Sonne; die Seele ist der geistige Mond, und die Straße der Stadt ist golden, klar wie Glas. Der Eingeweihte beschreitet stets den goldenen Pfad, frei von Schlacken und Schatten.

DER MEISTER KENNT EUCH

Denkt daran, ihr werdet euren Meister zuerst in den geheimen Winkeln eures Herzens finden. Aber zuerst müsst ihr den Meister im Innern kennen, bevor ihr hoffen könnt, euren Meister in einem physischen Körper manifestiert zu erkennen.

Wir suchen den Meister, unseren Meister! Für diesen kurzen Augenblick wollen wir alles andere vergessen. *Mein Meister!* Sprecht zu euch selbst. Schließt die Augen und sprecht: „Mein Meister." Macht ihr euch ein Bild von eurem Meister oder fällt es euch leichter, euch irgendeine Darstellung des Christus vor Augen zu führen und ihn als euren Meister anzunehmen? Es spielt keine Rolle. Es genügt, einen Meister zu haben und euch danach zu sehnen, ihn oder sie kennenzulernen. Euer Meister kennt euch, wie keine auf der Erde weilenden Seele euch zu kennen vermag.

Alles, was ihr von einem Mann oder einer Frau an Schönheit, Sanftmut, Güte, Reinheit und Vollkommenheit in eurem Geist zu erschaffen vermögt, wird euch zu eurem wahren Meister auf den höheren Bewusstseinsebenen führen.

Alle suchen das Licht, aber euer Licht wird nicht vor den Augen der anderen entzündet – nicht einmal den Lieben enthüllt, die euch am nächsten stehen –, sondern im innersten Heiligtum, ohne Schleier zwischen euch und eurem wahren Selbst.

Wenn ihr in euren Augen versagt, seid nicht verzweifelt und meint: „Ich habe es noch nicht geschafft." Allein die Tatsache, dass ihr euch bemüht, zeigt, dass ihr eine Stufe bereits erreicht habt. Ansonsten würdet ihr es nicht versuchen. Euer Verlangen und eure Ausrichtung auf ein Ideal beweisen, dass ihr bereit seid.

Die Blume öffnet sich

Sobald ihr betet und meditiert oder wenn ihr andächtig niederkniet, wird das Licht in den Chakras eures Wesens belebt, die sich dann wie eine Lotosblume öffnen.

Die Flamme auf dem Altar, die ihr in eurer Meditation seht, mag die Gestalt einer Rose annehmen, in deren Mitte ein strahlender Edelstein aus Licht leuchtet. Wenn ihr dieses Bild in eurer Meditation seht, denkt daran, dass ihr in euer eigenes Herz-Chakra blickt; oder wenn ihr eine vielblättrige Lotosblume seht, erblickt ihr noch ein anderes eurer Chakras.

Pioniere

Ihr wirkt als Pioniere auf den großen Tag hin, an dem alle Menschen kosmisches und solares Bewusstsein erlangen dürfen.

Keiner kann aus oder für sich allein handeln. Man mag sich seiner Eigenständigkeit rühmen, aber es ist unmöglich, einen anderen zu verletzen, ohne sich selbst zu verletzen. Wir versuchen euch zu vermitteln, dass die Seele eine sehr viel größere Verantwortung trägt, sobald sie sich durch die Einweihung des größeren Ganzen bewusst geworden ist.

Wenn der Christus in allen Menschen entfaltet ist und sie im Geiste und in wahrem Handeln und täglichem Dienen anbeten, dann können alle erhöht werden.

Erkennt, wer ihr seid

Sobald die Seele die erforderlichen Lektionen gelernt und ein gewisses Maß an Vollkommenheit erlangt hat, äußert sie sich auf eine vollkommenere Weise, und dann seid ihr fähig, einen Meister, einen Adepten oder einen Eingeweihten zu erkennen.

Sobald die Seele Bewunderung und Verehrung für den Sonnenlogos empfindet, die strahlende Sonne am Himmel, den eingeborenen Sohn des Vater-Mutter-Gottes, verspürt sie im Inneren eine Regung. Die Sonnenkraft erhebt sich nun in den physischen Körper, in den Ätherkörper, in alle Körper und jedes Zentrum. Die Zentren beginnen zu vibrieren und öffnen sich wie eine Blume im Sonnenlicht. Ihr werdet euch als wahre Yogis erkennen. Denkt nicht, dass darunter jemand zu verstehen sei, der mit der Bettelschale umhergeht. Ein Yogi ist jemand, der Gottesbewusstsein erlangt hat.

KAPITEL SIEBEN

*Erleuchtung
Sahasrara- (Scheitel-) Chakra; Neptun und die
Sonne*

BRUDERSCHAFT IST EIN WERK DES LICHTS

Tragt das Licht der Liebe des Meisters in die Welt. Ihr seid zu einem besonderen Zweck auf die Erde gekommen; ihr seid nicht nur gekommen, um euer Gottesbewusstsein zu entwickeln, sondern um den Weg für alle zu bahnen, die folgen.

Die Kirche oder Religion dieses neuen Zeitalters wird die Religion der Brüderlichkeit sein, in der die alten Formen aus dem Weg geräumt sind.

Ihr werdet niemals einen wahren Lehrer finden, der Ansprüche erhebt. Wahre Lehrer achten sehr sorgfältig darauf, was sie sagen, und ihr werdet immer eine gewisse Liebe, Bescheidenheit und Güte in ihrer Rede feststellen.

Wir predigen ein Evangelium der Vollkommenheit, das wissen wir sehr wohl, aber ihr tragt die Samen der Vollkommenheit ja bereits in euch!

Kommende Schönheit

Entwickelt das Bewusstsein des großen weißen Lichtes oder des Christus in euch. Nicht in der Stirn, sondern in eurem Herzen und in dem tausendblättrigen Lotos an der Spitze eures Dreiecks. Arbeitet immer mit diesem höheren Dreieck und dem Stern.

Leider fehlen uns die Worte, um die herrliche Gestalt der Meisterseele zu beschreiben. Vielleicht können wir euch eine Ahnung von dieser Herrlichkeit vermitteln, wenn wir sie mit einem Schmuckstück vergleichen. Stellt euch also eine Schmuckkassette vor; öffnet sie und seht auf einem samtenen Kissen ein unsagbar schönes goldenes Kleinod wie Feuer funkeln. Es strahlt in alle Richtungen.

Wir sehen eine wunderschöne Welt. Wir sehen Städte, die nicht nur aus Materie erbaut sind, sondern die in einem geistigen Licht erstrahlen, dessen Kraft für die irdischen und materiellen Bedürfnisse nutzbar gemacht wird. Wir sehen elegante und geräumige Gebäude, deren Zimmerwände leuchten, obwohl es keine Lichtquelle zu geben scheint. Noch schönere Musik regt die Gedankenkräfte an und öffnet das Herz-Zentrum. Eine solche Musik wird die Schwingungen der Erde heben. Musik ist selbst wundervolle Architektur.

Ihr selbst seid der Tempel

Johannes beschrieb das neue Jerusalem, die mit Gold gepflasterte, goldene Stadt, deren Tore mit strahlenden Edelsteinen geschmückt sind. Es ist nichts anderes als die Beschreibung eures inneren Selbst – ihr bildet den Tempel, eure Chakras formen die mit Edelsteinen übersäten Tore, und euer Herz ist der Thron, auf dem der König und die Königin thronen.

Ihr seid der Tempel in der Gottesstadt; ihr seid der vollkommene Würfel, vervollkommnet durch Erfahrung und vielleicht durch Leid, aber stets durch eure menschlichen Beziehungen.

In den Augen Gottes sind alle gleich

Es spielt keine große Rolle, wer eine junge und wer eine große Seele ist. Wir meinen sogar, es spielt überhaupt keine Rolle. Verehrt nicht jemanden, von dem ihr annehmt, er sei groß; bemüht euch statt dessen, alle zu lieben, Groß und Klein, Alt und Jung. Liebt sie. In den Augen Gottes sind sie alle gleich.

Ihr seid Wegbereiter. Euch ist eine Gelegenheit gegeben, den jüngeren Brüdern weiterzuhelfen und sie auf ihrem Pfad, hinauf zu den goldenen Höhen, zu unterstützen. Während ihr über die Erde wandert, werdet ihr von Wesenheiten inspiriert und erleuchtet, die jetzt kommen, um die Menschheit aufzurütteln und ihr auf ihrem Weg in das Sonnenlicht beizustehen. Möget ihr alle Glück, Heiterkeit und eine dauerhafte Gewissheit erlangen.

Jeder Tod ist eine Geburt

Ihr tretet nicht eher in das ewige Leben ein, als bis ihr euch des Christus-Lebens voll bewusst seid, bis ihr euren Sonnenkörper entwickelt habt. Erkennt ihr nicht, dass im Tod des irdischen Körpers die Verheißung des Sonnenwesens, des Sonnenkörpers liegt? Natürlich stirbt der niedere Aspekt, aber jener höchste Sonnenkörper, der ins Dasein gelangt, führt euch schließlich zum ewigen Leben.

Als wir von einem neuen Planeten gesprochen haben, der aus dem Herzen der Sonne oder des Sohnes geboren wird, so bedeutete dies, dass aus jedem Leben eine neue Welt entstehen wird. Im Augenblick liegt dies vielleicht noch jenseits eures Fassungsvermögens, aber denkt daran, ihr alle seid Söhne und Töchter Gottes und werdet Götter werden, aus denen eine neue Welt entstehen wird.

Der Phönix verkörpert den Eingeweihten oder denjenigen, der das niedere Selbst überwindet, um im höheren Selbst oder Geist wiedergeboren zu werden; der Adler steht für das Wort Gottes, das vom Himmel herabsteigt und Fleisch wird. Das göttliche Wort liegt im Innersten jedes Sohnes und jeder Tochter Gottes.

Die Sprache des Meisters

Versucht nicht, Menschen zu kategorisieren, zu definieren und zu etikettieren oder zu einem Idol zu erheben. Sobald ihr die Ausstrahlung eines geistigen Menschen in eine Persönlichkeit zwängt und diese mit einer Aufschrift versieht oder ihr einen bestimmten Namen gebt, beraubt ihr ihn seiner wahren Größe, die sich nicht auf das rein Persönliche reduzieren lässt.

Kein Meister wird dem anderen widersprechen; die Lehren der Meister unterscheiden sich in ihrem Kern nicht voneinander. Sie ändern sich nicht, sie sprechen immer dieselbe Sprache – nicht die Sprache eines bestimmten Landes, sondern die Sprache des Geistes, die Sprache der Liebe.

Denkt in Bezug auf die Meister sehr global. Stellt sie euch als einen einzigen Meister vor, und wenn ihr diesen einen gefunden habt, werdet ihr alle sehen, und in allen werdet ihr den einen sehen.

Als Sinnbild des Neuen Zeitalters schwingt sich der weiße Adler in den Himmel empor und blickt weit hinaus.

Die Meisterseele ist die sanfte Seele, die weise, liebende und mitfühlende Seele, geduldig im Unglück, die niemals das Vertrauen in Gott und die Engel verliert.

Der grösste Schatz

Wir wollen nun die vollkommene Gestalt eines älteren Bruders – eines Meisters – betrachten. Welchen Eindruck erweckt diese vollkommene Gestalt in uns? Diese Güte, Sanftheit und Liebe! Könnt ihr die Reinheit und Lieblichkeit der Meisterseele erfassen? Nehmt ihr den Gesichtsausdruck wahr, der Liebe – nicht Schwäche oder Lauheit – ausstrahlt, eine Liebe, die sich zurücknehmen, aber auch zu schenken vermag? Haltet dieses Bild, meine Brüder! Fühlt die Weisheit, die Sanftheit und Güte der Mutter, zusammen mit der Stärke, der Macht und dem Mut des ersten Prinzips, des Vaters. Seht diese vereinte Zweiheit, die machtvoll über der Menschheit wacht. Obwohl für den Menschenverstand nahezu unfassbar, möchten wir euch gerne ein Gefühl für diese liebevolle Obhut vermitteln, in der ihr lebt und euer Sein habt.

Der Meister ist näher als der Atem, näher als Hände und Füße. Das ist die schlichte Wahrheit. Ihr werdet nichts Schöneres entdecken können als das, was ihr in eurem eigenen inneren Tempel vorfindet. Dort werdet ihr auf den größten Schatz, das vollkommene Geschenk stoßen.

WHITE EAGLE

Das große White Eagle Astrologie-Buch	3-922936-68-7
Das große White Eagle-Heilungsbuch	3-922936-41-5
Das Jesus-Buch	3-89427-007-1
Die Meister als Boten des Lichtes	3-89427-228-7
Der Pfad der Einweihung	3-922936-22-9
Der Pfad ins Licht	3-89427-067-5
Der Weg zum höheren Selbst	3-922936-87-3
Die Chakras	3-89427-030-6
Die goldene Ernte der Liebe	3-922936-38-5
Die Heilungspraxis	3-922936-54-7
Die Meisterseele	3-89427-057-8
Die Perle im Lotos	3-89427-017-9
Die Stille des Herzens	3-922936-29-6
Die verborgene Weisheit des Johannes-Evangeliums	3-922936-44-X
Die vier großen Einweihungen	3-922936-56-3
Gebete im neuen Zeitalter	3-922936-14-8
Geistige Jahreszeiten	3-922936-79-2
In der Stille liegt die Kraft	3-922936-09-1
In der Stille liegt die Kraft II	3-89427-101-9
Lichtwege	3-922936-98-9
Meditation	3-922936-06-7
Mit White Eagle durch das Jahr	3-922936-71-7
Naturgeister und Engel	3-922936-05-9
Sternenlicht	3-89427-160-4
Unser geistiger Bruder spricht	3-922936-31-8
Vom Leben jenseits der Todespforte	3-922936-27-X
Vom Wirken der Weißen Bruderschaft	3-89427-082-9
White Eagle/Joan Hodgson - Warum?	3-922936-20-2
Weisheit von White Eagle	3-922936-19-9
Walter Ohr - Wer ist White Eagle?	3-922936-15-6
Wunder des Lichtes	3-922936-13-X
Das White Eagle Engel-Buch	3-89427-128-0
Das White Eagle Meditations-Buch	3-89427-158-2

White Eagle
Das Totenbuch
Über den Weg der Seele
in die geistigen Welten
Geb., 220 Seiten
ISBN 3-89427-247-3

In vielen Büchern von WHITE EAGLE spielt das Leben nach dem Tod eine bedeutende Rolle. Er schildert, wie die Seele sich allmählich aus der physischen Hülle zurückzieht und mit dem Astralkörper in die geistigen Welten eintritt. Dort wartet eine neue, faszinierende Wanderschaft auf sie. In seinem „Totenbuch" werden nun erstmals alle wichtigen Lehren von WHITE EAGLE über das Sterbegeschehen und den Weg der Seele durch die jenseitigen Welten zusammengefasst. Es zeigt sich die unendliche göttliche Weisheit, die alles Leben in gerechte Gesetze eingekleidet hat, die von unsagbarer Liebe bestimmt sind. Nach dem Ablegen des Erdenkörpers erkennt der Hinübergegangene die Zusammenhänge und findet Antworten auf alle drängenden Fragen, die ihn auf Erden so beschäftigt hatten.
Ein WHITE EAGLE-Buch, das Himmel und Erde sowie die Lebenden und die 'Toten' verbindet und den Menschen mit jenem Wissen beschenkt, das es ihm dereinst ermöglichen wird, bewusst und wissend den Weg in eine höhere Welt zu beschreiten.

Die Meister als Boten des Lichtes
Das Bewusstsein einer neuen Zeit
Geb., 180 Seiten
ISBN 3-89427-228-7

Bereits in seinem Grundlagenwerk „Die Weisheit des Johannes-Evangeliums" hat White Eagle auf die geistige Bedeutung der geheimnisvollen Gestalt des Johannes hingewiesen. In der biblischen Johannes-Figur sieht White Eagle die symbolhafte Verkörperung eines neuen Bewusstseins, das sich in unseren Tagen Bahn zu brechen beginnt.

White Eagle schildert anhand zahlreicher Themenkomplexe, auf welche Weise die großen Meister des Lichtes an der Transformation der Erde und ihrer Bewohner arbeiten und welchen Beitrag jeder Einzelne leisten kann, um dieses große Werk zu unterstützen.

Wer ernsthaft dem geistigen Pfad folgt, wird eines Tages selbst ein bewusstes Mitglied der geistigen Bruderschaft – die natürlich aus Brüdern und Schwestern besteht – und vermag dann in innerer Verbindung mit den „Meistern des Lichtes" seine Lebensaufgabe zu erfüllen.